MY FIRST BOOK OF AFAAN OROMO WORDS

My First Book of Afaan Oromo Words
ISBN 978-3-9817991-2-5
First Edition 2016

All right reserved.
No part of the book may be reproduced or used in any form with out the prior permission of the publisher.
© Habte Verlag

Illustration by Angelina Edler & Martin Poks
Edited by Netsanet Hailu & Merga Yonas

www.habtebooks.com
info@habtebooks.com

Content • Baafata

Body parts · **Kutaalee qaamaa**	4
Clothes · **Uffatawwan**	6
At Home · **Mana jireenyaa keessa**	10
In the Kitchen · **Mana ittoo**	14
Fruits · **Kuduraawwan**	16
Vegetables · **Muduraawwan**	17
At School · **Mana barnootaa keessa**	18
Farm animals · **Beelladoota qonnaa**	20
Wild animals · **Bineeldota bosonaa**	22
Nature · **Uumama**	24
Transport · **Geejjiba**	26
Colors · **Halluuwwan**	27
Shapes · **Bocawwan**	28
Numbers · **Lakkoofsota**	29
Days of the Week and Time · **Guyyoota-torbee fi yeroo**	30
Emotion · **Miira**	31
Opposites · **Faallaa**	32
Vocabulary · **Hiika jechootaa**	34
Afaan Oromo Alphabet · **Qubee Afaan Oromo**	36

Body Parts • Kutaalee qaamaa

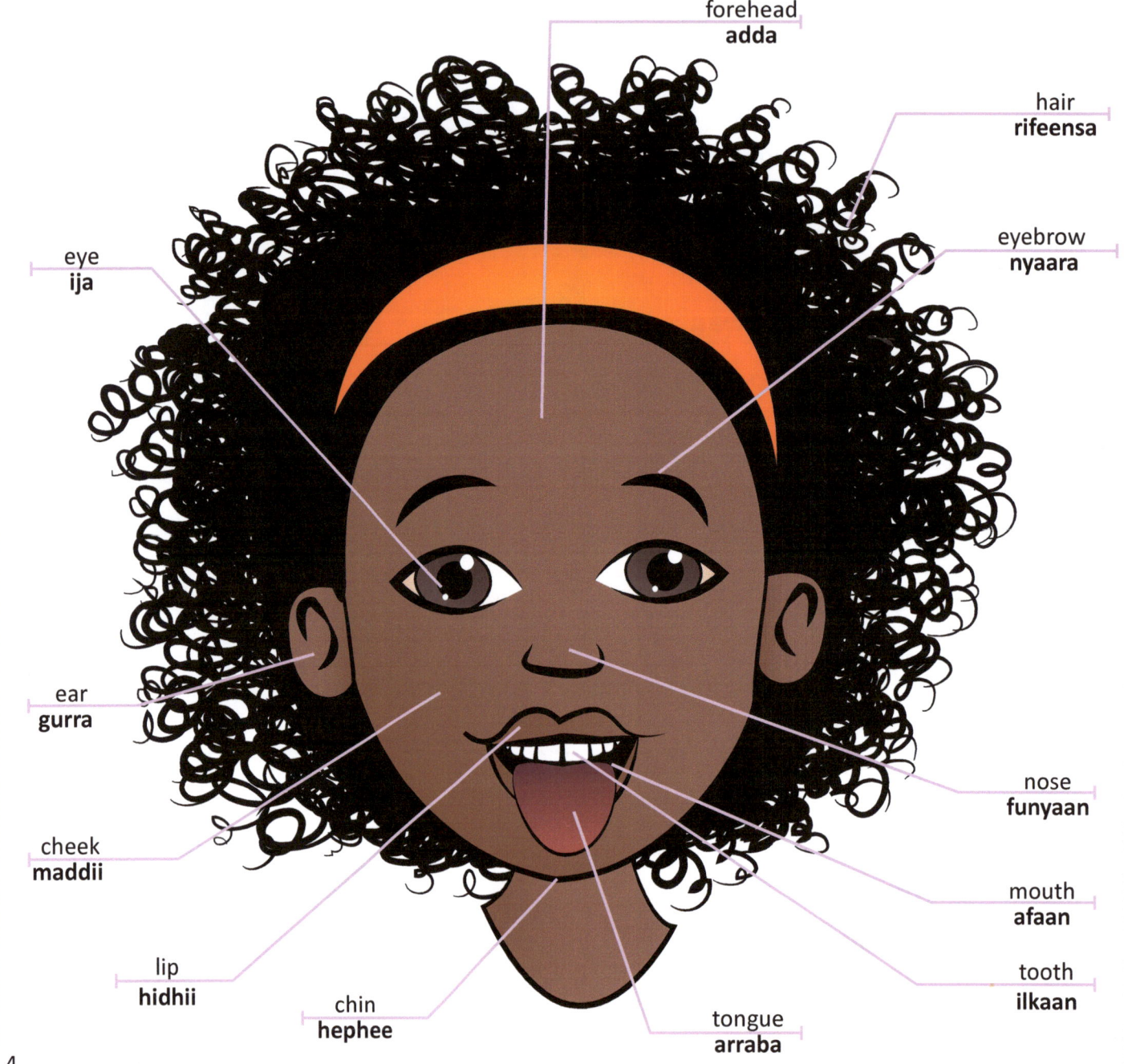

Clothes • Uffatawwan

shorts **qumxaa**

shirt **qomee**

skirt **wandaboo gabaabaa**

raincoat **uffata bokkaa**

sweater **shurraabii**

underpants **butaantaa**

undershirt **kanateeraa**

pyjamas **uffata halkanii**

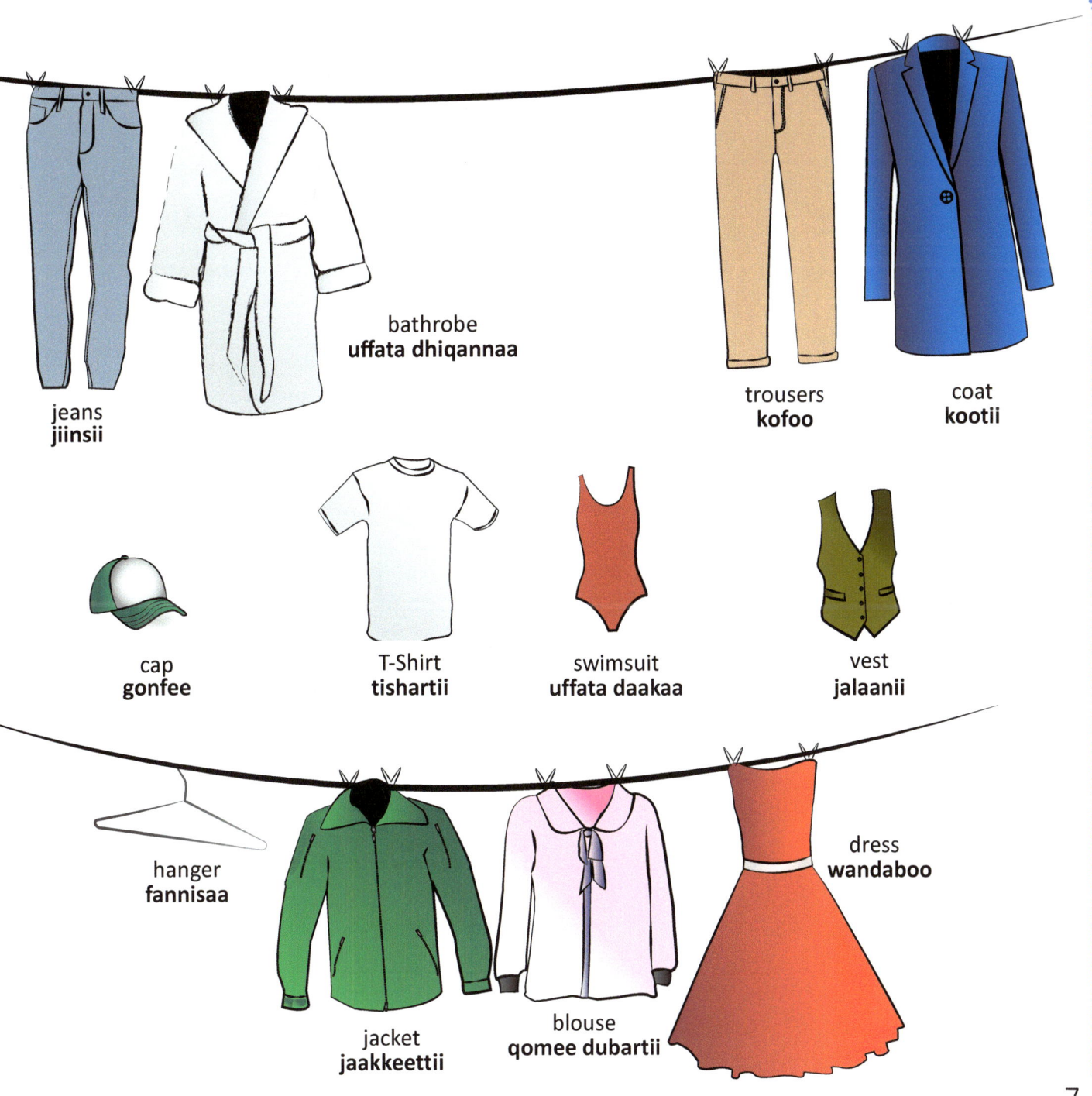

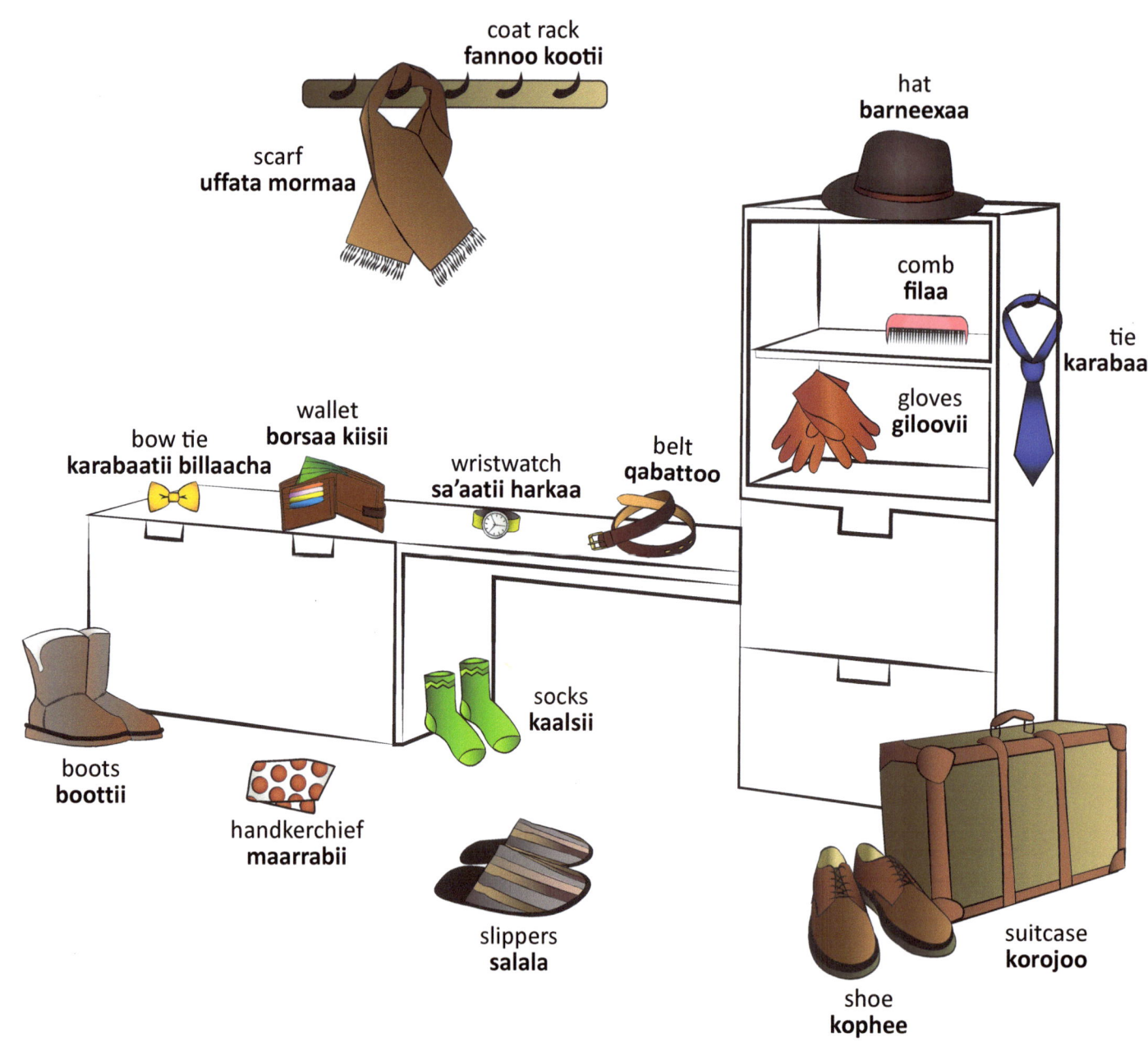

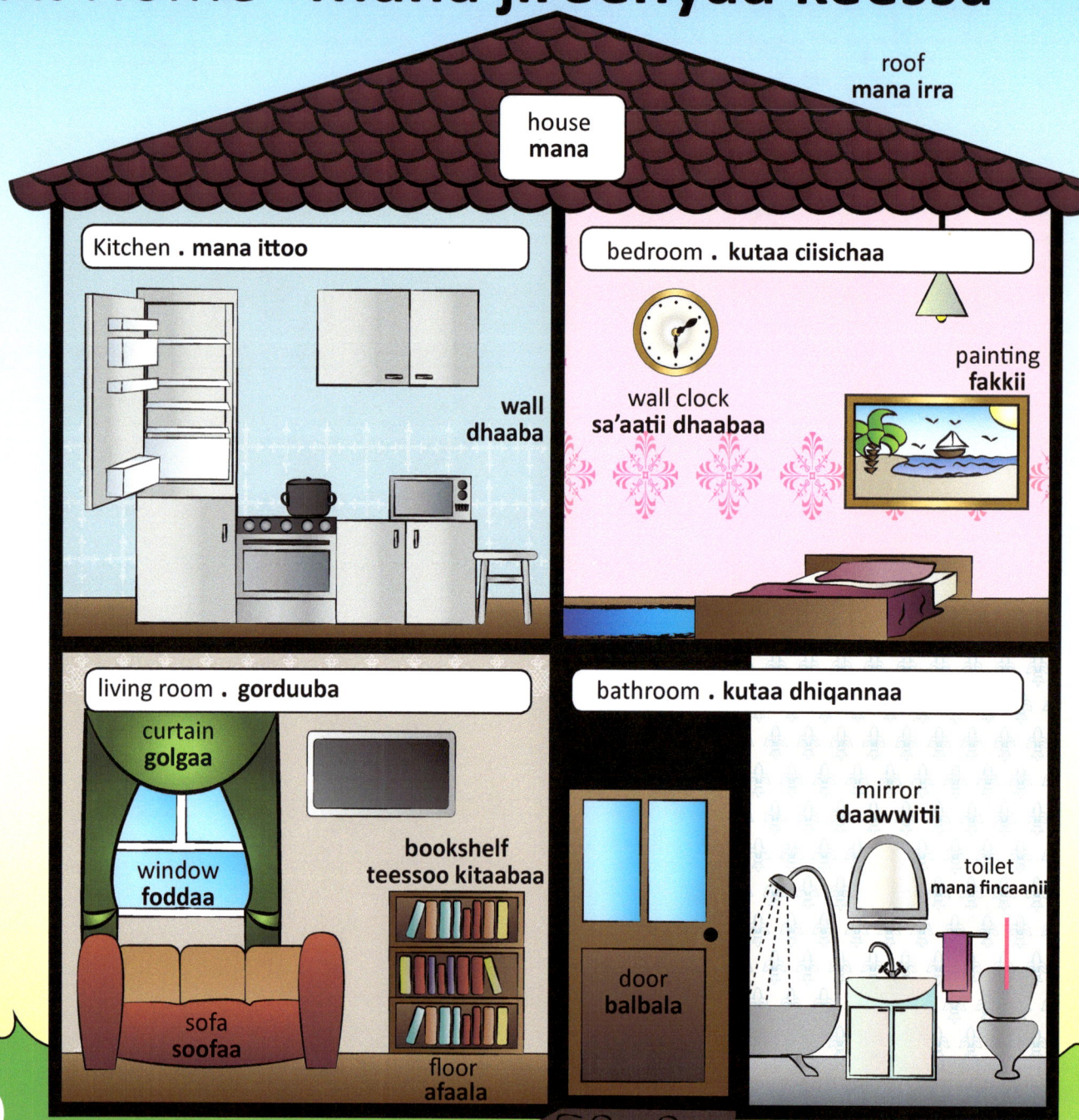

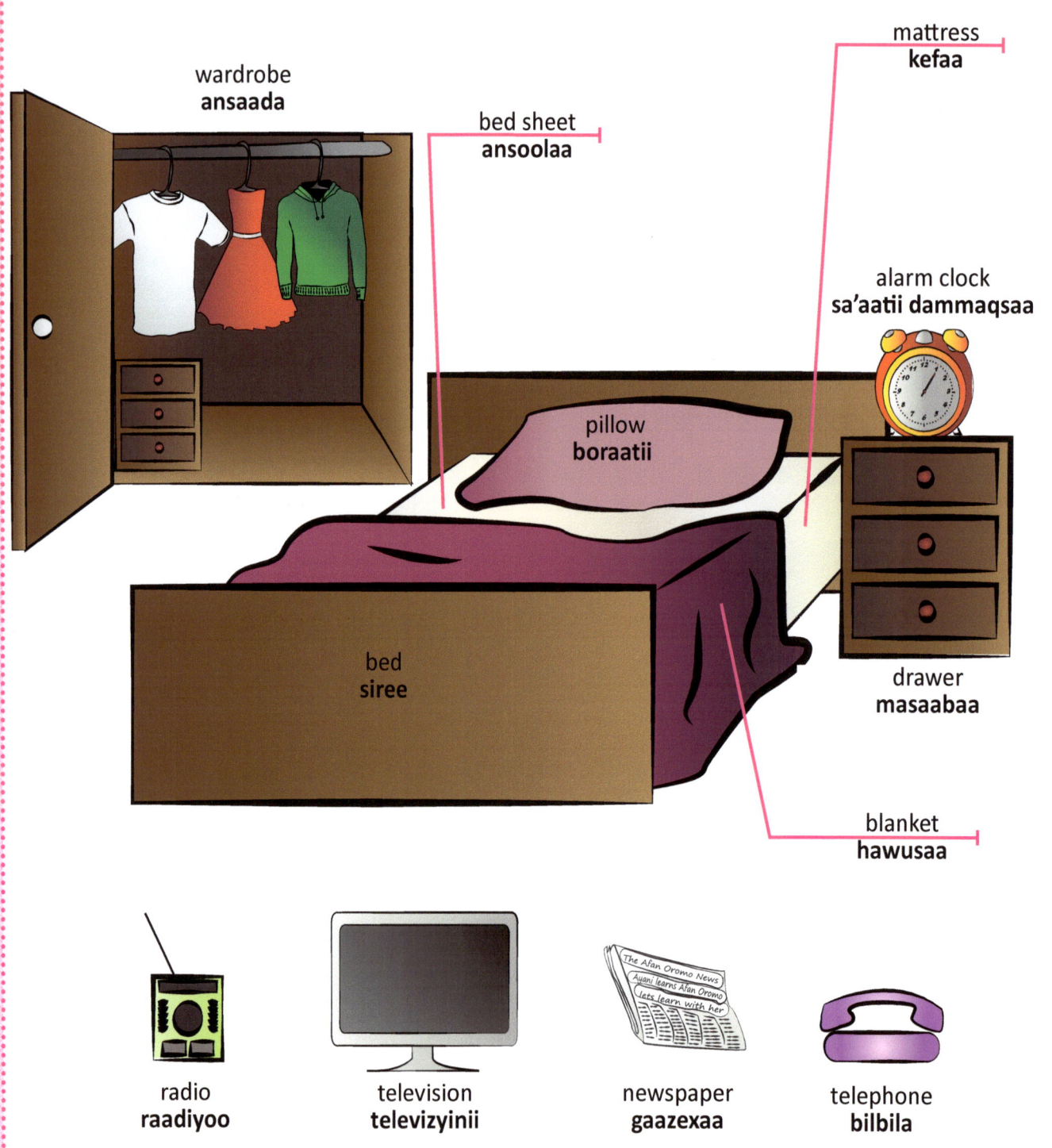

lightbulb
ampoolii

lamp
ibsaa

sponge
ispoonjii

plant
biqiltuu

shower
dhiqannaa dhaabbii

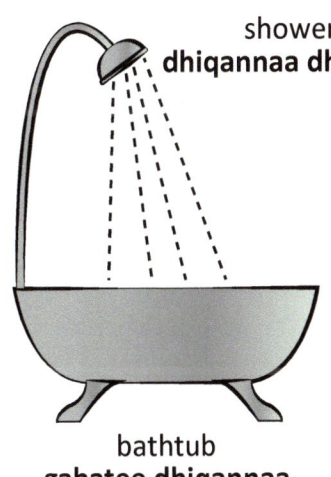

bathtub
gabatee dhiqannaa

tap
boombaa

sink
harkee

rug
afaa

towel
fooxaa

toothpaste
saamunaa ilkaanii

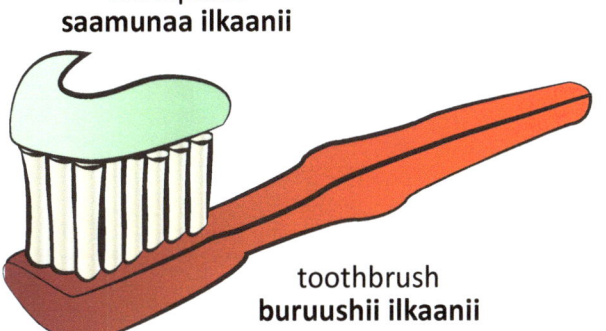

toothbrush
buruushii ilkaanii

soap
saamunaa

toilet paper
sooftii

Fruits • Kuduraawwan

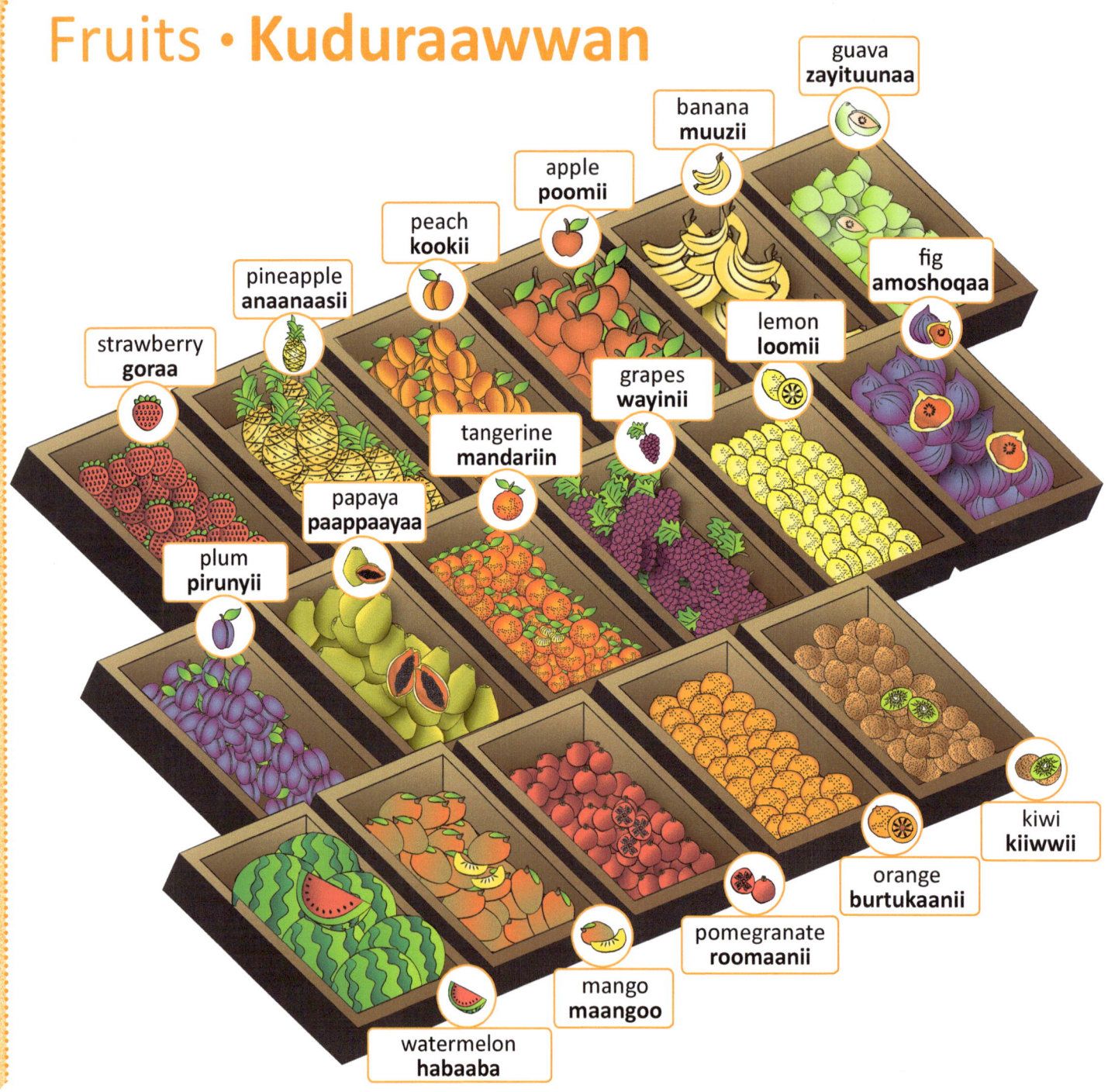

Vegetables • Muduraawwan

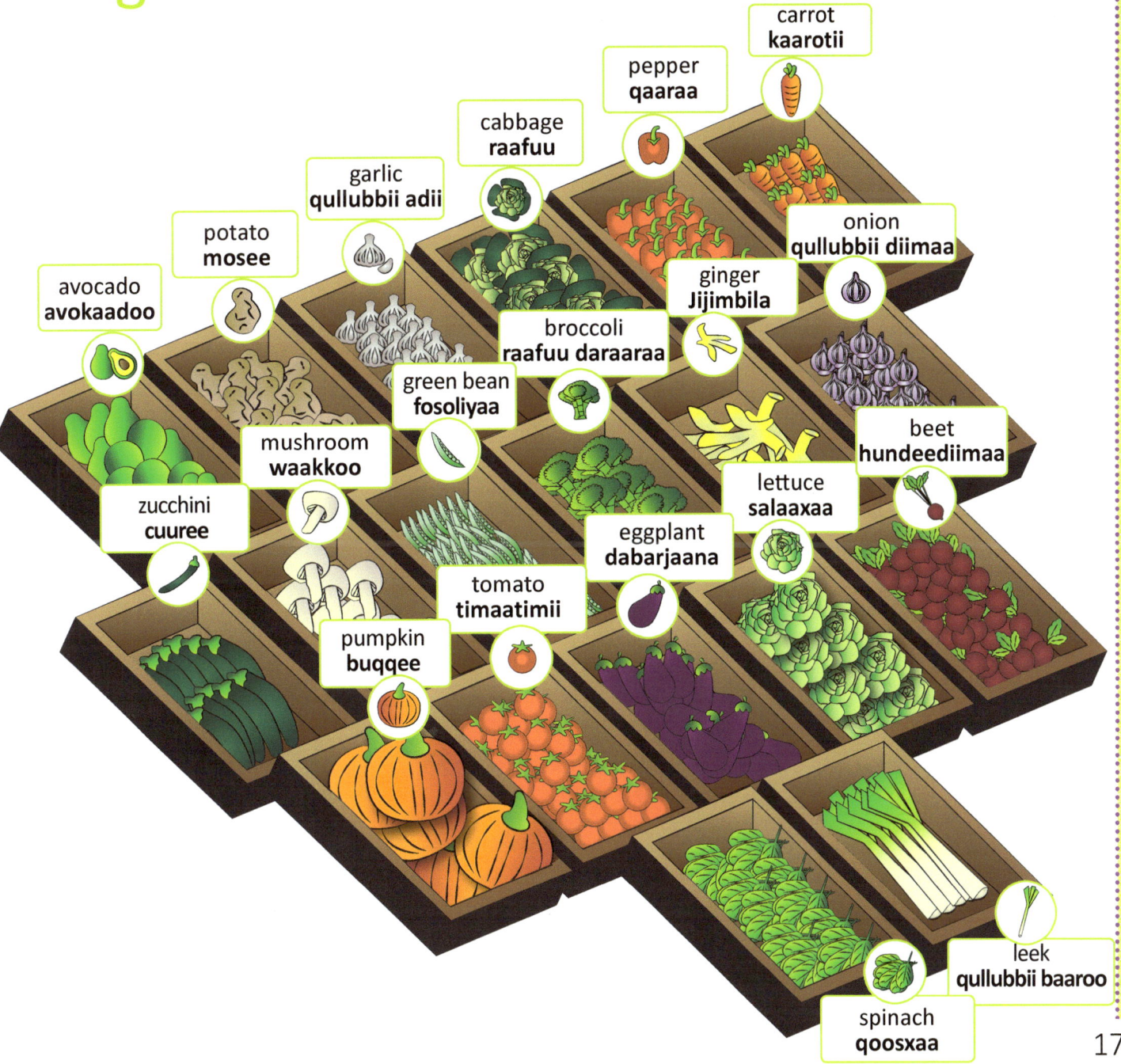

At School • Mana barnootaa keessa

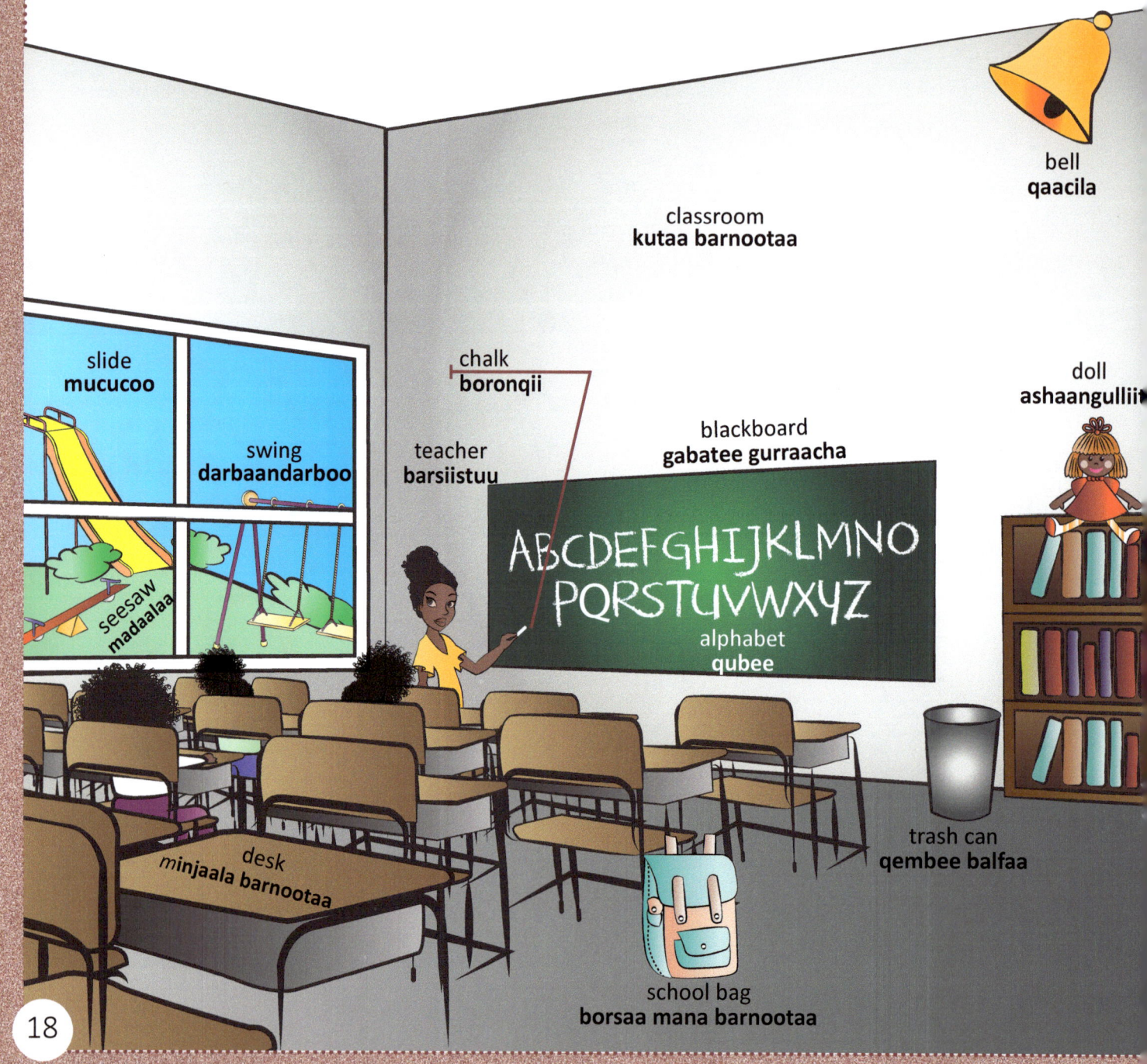

Farm Animals • Beelladoota qonnaa

dove **bullaallaa/gugee**

camel **gaala**

cow **sa'a**

doneky **harree**

rabbit **illeentii**

goat **re'ee**

rooster **indaaqqoo korm**

hen **indaaqqoo**

frog **raacha**

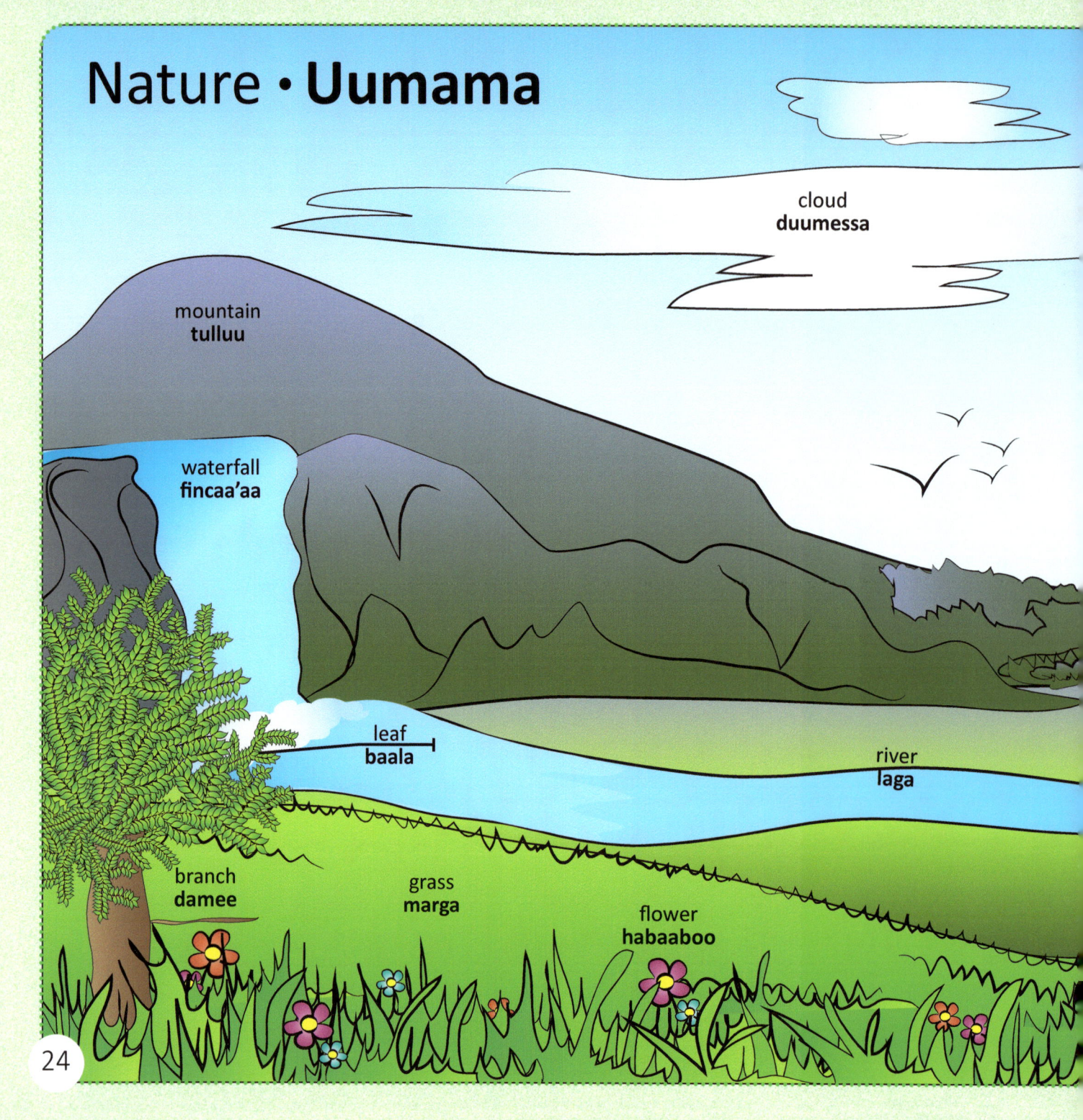

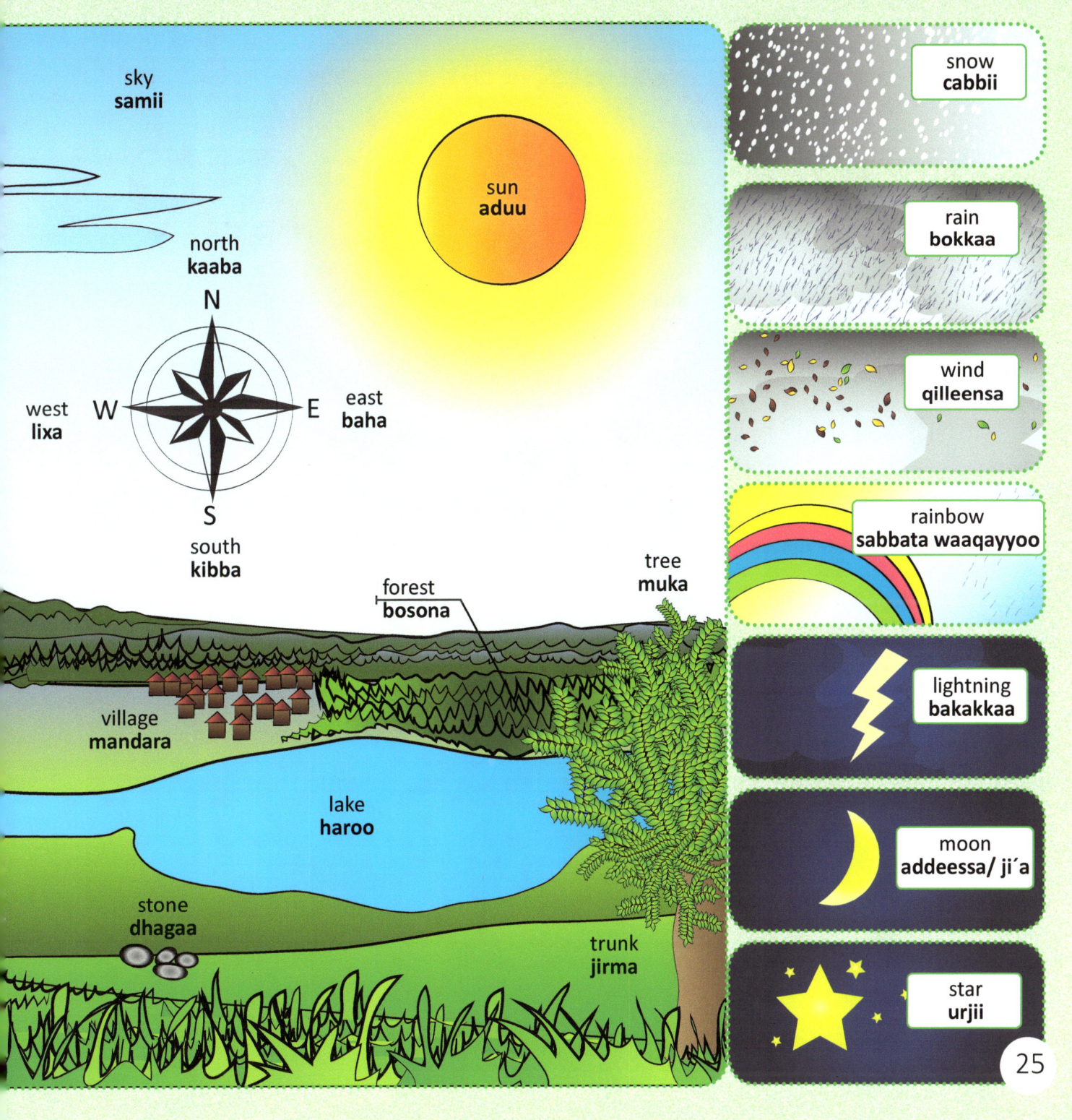

Transport • Geejjiba

bicycle **biskileetii**   motorcycle **doqdoqqee**   car **konkolaataa**   bus **atobisii**

truck **konkolaataa fe'umsaa**   train **baabura**   airplane **roophilaa**   helicopter **xiyaara furguggee**

ship **doonii**   boat **bidiruu**

fire truck **kolkolaataa balaa abiddaa ittisu**   police car **konkolaataa poolisii**   ambulance **ambuulaansii**

Colors • **Haluuwwan**

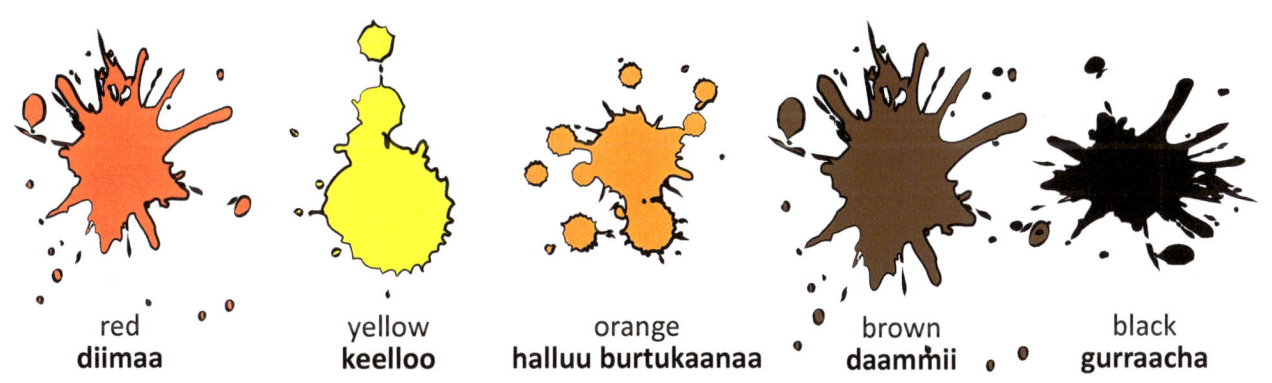

red
diimaa

yellow
keelloo

orange
halluu burtukaanaa

brown
daammii

black
gurraacha

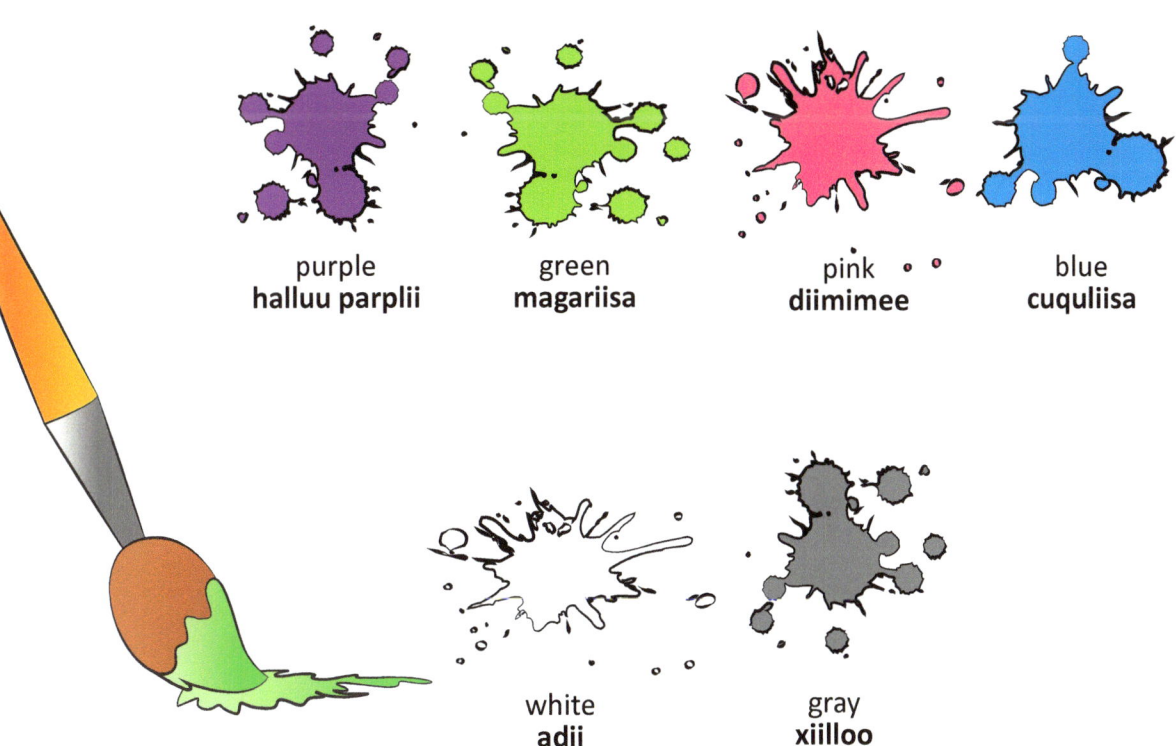

purple
halluu parplii

green
magariisa

pink
diimimee

blue
cuquliisa

white
adii

gray
xiilloo

Shapes • Bocawwan

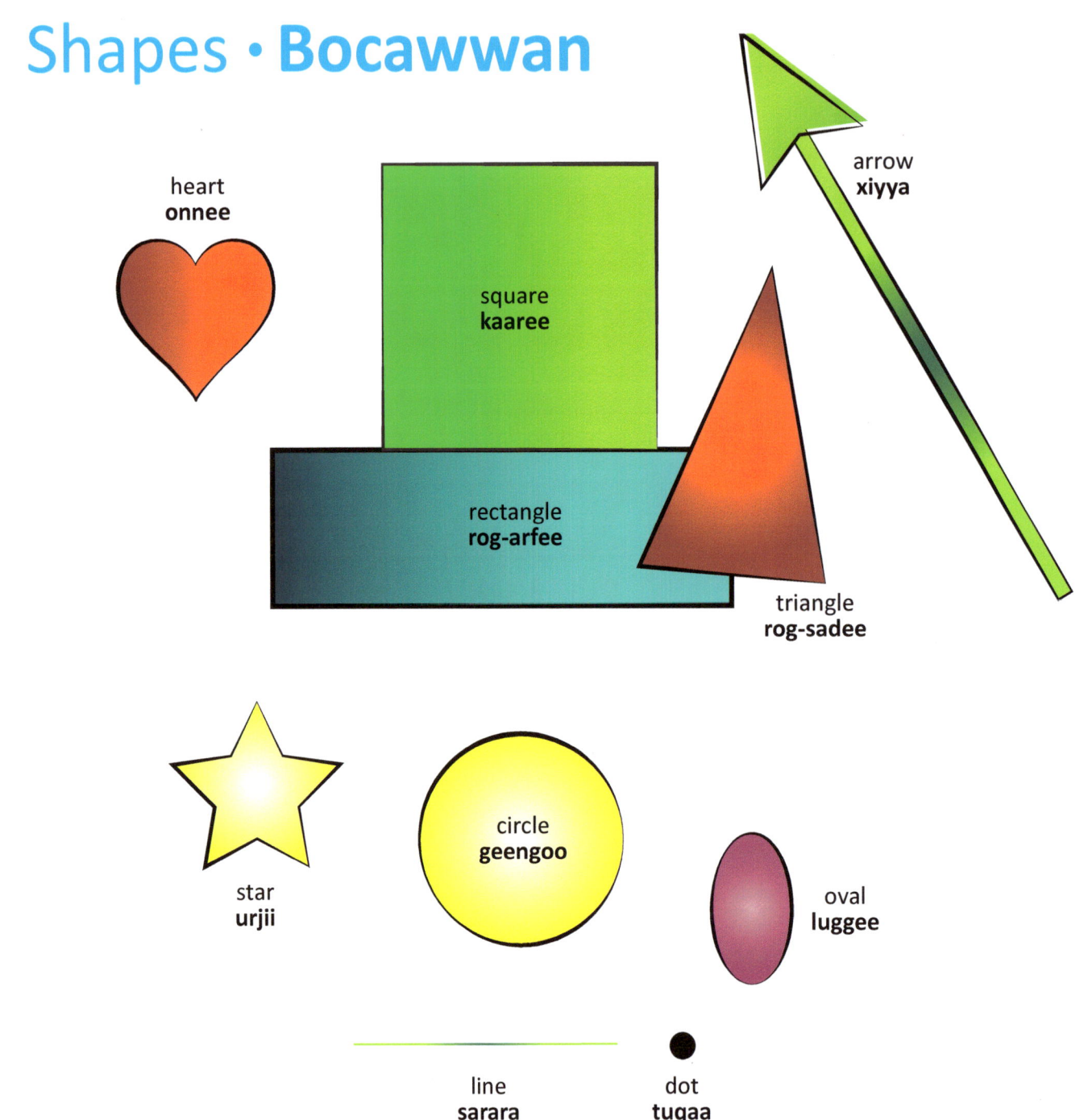

Numbers • Lakkoofsota

1 one **tokko**	**2** two **lama**	**3** three **sadii**	**4** four **afur**	**5** five **shan**
6 six **ja'a**	**7** seven **torba**	**8** eight **saddeet**	**9** nine **sagal**	**10** ten **kudhan**
11 eleven **kudha-tokko**	**12** twelve **kudha-lama**	**13** thirteen **kudha-sadii**	**14** fourteen **kudha-afur**	**15** fifteen **kudha-shan**
16 sixteen **kudha-ja'a**	**17** seventeen **kudha-torba**	**18** eighteen **kudha-saddeet**	**19** nineteen **kudha-sagal**	**20** twenty **diigdama**

30 thirty **soddoma**	**40** fourty **afurtama**	**50** fifty **shantama**	**60** sixty **ja'aatama**	**70** seventy **torbaatama**

80 eighty **saddeettama**	**90** ninety **sagaltama**	**100** one hundred **dhibba**

Days of the week • Guyyoota-torbe

Monday	Tuesday	Wednesday	Thursday	Friday	Saturday	Sunday
Wiixata	**Kibxata**	**Roobii**	**Kamisa**	**Jimaata**	**Sanbata**	**Dilbata**

Time • Yeroo

one o'clock
sa'aatii tokko

a quarter past one
sa'aatii tokkoof ruubiii

twenty past one
sa'aatii tokkoof diigdama

half past one
sa'aatii tokkoof walakkaa

a quarter to two
sa'aatii lama jechuu ruubii hir'uu

five to two
sa'aatii lama jechuu daqiiqaa shan hir'uu

Emotion • Miira

happy **gammachuu**

sad **gadduu**

angry **aaruu**

confused **joonja'uu**

confident **ijajabina**

surprised **dinqisiifannaa**

scared **sodaachuu**

relaxed **bashannanuu**

shy **qaana'uu**

bored **nuffuu**

Opposites • Faallaa

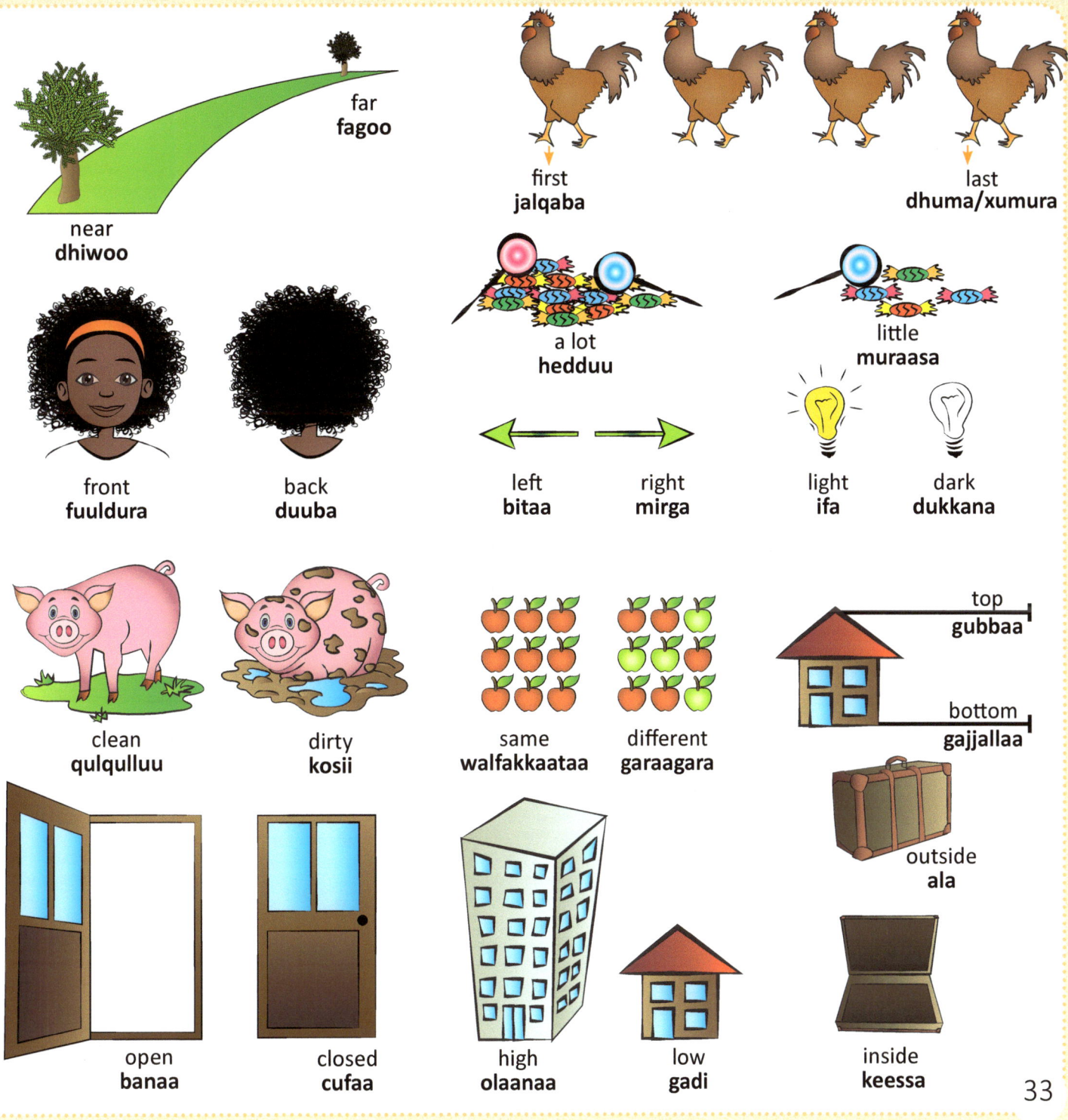

Vocabulary • Hiika jechootaa

A
airplane . *roophilaa*
alarm clock.
    sa'aatii dammaqsaa
a lot . *hedduu*
alphabet . *qubee*
ambulance . *ambuulaansii*
angry . *aaruu*
animal . *bineeldota*
ankle . *koronyoo*
apple . *poomii*
apron . *marxoo*
arm . *dhumdhuma*
arrow . *xiyya*
avocado . *avokaadoo*

B
back . *duuba*
balloon . *afuuffee*
banana . *muuzii*
basket . *guuboo*
basketball . *kubbaa kaachoo*
bathrobe . *uffata dhiqannaa*
bathroom . *kutaa dhiqannaa*
bathtub . *gabatee dhiqannaa*
beans . *fosoliyaa*
bed room . *kutaa ciisichaa*
bed sheet . *ansoolaa*
bed . *siree*
beet . *hundeediimaa*
bell . *qaacila*
belt . *qabattoo*
bicycle . *biskileetii*
big . *guddaa*
bird . *sinbira*
black . *gurraacha*
blackboard .
    gabatee gurraacha
blanket . *hawusaa*
blouse . *qomeedubartii*
blue . *cuquliisa*
board . *gabatee*
boat . *bidiruu*
body . *qaama*

book . *kitaaba*
bookshelf . *teessoo kitaabaa*
boots . *boottii*
bored . *nuffuu*
bottle . *qaruuraa*
bottom . *gajjallaa*
bow tie . *karabaatii billaacha*
bowl . *saaniigolboo*
bracelet . *ambaarii*
branch . *damee*
bread . *daabboo*
broccoli . *raafuu daraaraa*
broom . *hartuu*
brown . *daammii*
bucket . *baaldii*
buffalo . *gafarsa*
bus . *atobisii*
bushbuck . *borofa*
butter . *dhadhaa*
butterfly . *billaacha*
button . *biinqoo*

C
cabbage . *raafuu*
camel . *gaala*
candle . *dungoo*
cap . *gonfee*
car . *konkolaataa*
carrot . *kaarotii*
cat . *adurree*
chair . *teessoo*
chalk . *boronqii*
cheap . *rakasa*
cheek . *maddii*
cheetah . *hamaaketa*
chest . *laphee*
chin . *hephee*
circle . *geengoo*
classroom . *kutaa barnootaa*
clean . *qulqulluu*
closed . *cufaa*
clothes . *uffatawwan*
cloud . *duumessa*
coat rack . *fannoo kootii*
coat . *kootii*
cold . *qorraa*

color . *halluu*
comb . *filaa*
confident . *ijajabina*
confused . *joonja'uu*
cow . *sa'a*
crayon . *maarkarii*
crocodile . *naacha*
cupboard . *wancarii dhaaba*
cup . *shiinii*
curtain . *golgaa*

D
dark . *dukkana*
days . *guyyoota*
deer . *borofa*
desk . *minjaala barnootaa*
different . *garaagara*
dirty . *kosii*
dog . *saree*
doll . *ashaangulliitii*
donkey . *harree*
door . *balbala*
dot . *tuqaa*
dove . *bullaallaa/ gugee*
drawer . *masaabaa*
dress . *wandaboo*
dry . *gogaa*
duck . *daakkiyyee*

E
ear . *gurra*
earring . *faaya gurraa*
east . *baha*
egg . *hanqaaquu*
eggplant . *dabarjaana*
eight . *saddeet*
eighteen . *kudha-saddeet*
eighty . *saddeettama*
elbow . *ciqilee*
elephant . *arba*
eleven . *kudha-tokko*
emotion . *miira*
empty . *duwwaa*
eraser . *haqxuu*
exercise book .
    dabtaragilgaalaa
expensive . *mi'aa*

eye . *ija*
eyebrow . *nyaara*

F
far . *fagoo*
fat . *furdaa*
fifteen . *kudha-shan*
fifty . *shantama*
fig . *amoshoqaa*
finger . *quba*
fingernail . *qeensa*
fire truck . *kolkolaataa*
    balaa abiddaa ittisu
first . *jalqaba*
five . *shan*
floor . *afaala*
flower . *habaaboo*
foot . *miilla*
football . *kubbaa miillaa*
forehead . *adda*
forest . *bosona*
fork . *shukkaa*
forty . *afurtama*
four . *afur*
fourteen . *kudha-afur*
fox . *jeedala*
friday . *jimaata*
frog . *raacha*
front . *fuuldura*
fruits . *kuduraa*
full . *guutuu*

G
garlic . *qullubbii adii*
ginger . *jijimbila*
giraffe . *sattawwaa*
glass . *birciqqoo*
glasses . *kalaalaa*
globe . *mulullee*
gloves . *giloovii*
goat . *re'ee*
grapes . *wayinii*
grass . *marga*
gray . *xiilloo*
green . *magariisa*
guava . *zayituunaa*

H

hair . *rifeensa*
hand . *harka*
handbag . *borsaa har..*
handkerchief . *maarr..*
hanger . *fannisaa*
happy . *gammachuu*
hat . *barneexaa*
head . *mataa*
heart . *onnee*
heavy . *ulfaataa*
heel . *koomee*
helicopter .
    xiyaara furguggee
hen . *indaaqqoo*
high . *olaanaa*
hippo . *roobii*
home . *mana jireenya..*
horse . *farda*
hot . *hoo'aa*
house . *mana*
hundred . *dhibba*
hyena . *waraabessa*

I
inside . *keessa*

J
Jacket . *jaakkeettii*
Jeans . *jiinsii*
Juice . *cuunfaa*

K
Kettle . *moqorqoraa*
kitchen . *mana itto*
kite . *horgoggee*
kiwi . *kiiwwii*
knee . *jilba*
knife . *haaduu*

L
lake . *haroo*
lamp . *ibsaa*
last . *dhuma/xumura*
leaf . *baala*
leek . *qullubbii baaroo..*
left . *bitaa*
leg . *miilla*
lemon . *loomii*

lettuce . *salaaxaa*
light bulb . *ampool*
light . *salphaa*
light . *ifa*
lightning . *bakakkaa*
line . *sarara*
lion . *leenca*
lip . *hidhii*
little . *muraasa*
living room . *gorduuba*
long . *dheeraa*
low . *gadi*
lunch box . *mi'a laaqanaa*

M

mango . *maangoo*
map . *kaartaa*
match . *toomashoo*
mattress . *kefaa*
meat . *foon*
milk . *aannan*
mirror . *daawwitii*
Monday . *wiixata*
monkey . *jaldeessa*
moon . *addeessa/ji'a*
mop . *haxooftuu*
motorcycle . *doqdoqqee*
mountain . *tulluu*
mouse . *hantuuta*
mouth . *afaan*
mushroom . *waakkoo*

N

nature . *uumama*
near . *dhiwoo*
neck . *morma*
necklace . *amartii mormaa*
new . *haaraa*
nine . *sagal*
nineteen . *kudha-sagal*
ninety . *sagaltama*
north . *kaaba*
nose . *funyaan*
notebook .
    dabtara yaadannoo
number . *lakkoofsa*

O

old . *moofaa*
one . *tokko*

onion . *qullubbii diimaa*
open . *banaa*
opposite . *faallaa*
orange . *halluu burtukaanii*
orange . *burtukaanii*
ostrich . *guchii*
outside . *ala*
oval . *luggee*
ox . *sangaa*

P

painting . *fakkii*
pan . *waadduu*
papaya . *paappaayaa*
paper . *waraqaa*
peach . *kookii*
pen . *qalama*
pencil . *Irsaasii*
pepper . *qaaraa*
pig . *booyyee*
pillow . *boraatii*
pineapple . *anaanaasii*
pink . *diimimee*
plant . *biqiltuu*
plate . *saanii*
plum . *pirunyii*
police car .
    konkolaataa poolisii
pomegranate . *roomaanii*
pot . *xuwwee*
potato . *mosee*
pumpkin . *buqqee*
purple . *halluu parplii*
pyjamas . *uffata halkanii*

R

rabbit . *illeentii*
radio . *raadiyoo*
rain . *bokkaa*
rainbow .
    sabbata waaqayyoo
raincoat . *uffata bokkaa*
rectangle . *rog-arfee*
red . *diimaa*
refrigerator . *qabbaneessaa*
relax . *bashannanuu*
rhino . *warseessa*
right . *mirga*
ring . *qubeelaa*
river . *laga*

roof . *mana irra*
rooster . *indaaqqoo kormaa*
rug . *afaa*
ruler . *sarartuu*

S

sad. *gadduu*
same . *walfakkaataa*
Saturday . *sanbata*
scared . *sodaachuu*
scarf . *uffata mormaa*
school bag.
    borsaa mana barnootaa
school . *mana barnootaa*
scissors . *maqasii*
seesaw . *madaalaa*
seven . *torba*
seventeen . *kudha-torba*
seventy . *torbaatama*
shape . *boca*
sharpener . *qartuu*
sheep . *hoolaa*
ship . *doonii*
shirt . *qomee*
shoe . *kophee*
short . *gabaabaa*
shorts . *qumxaa*
shoulder . *gateettii*
shower . *dhiqannaa dhaabbii*
shy . *qaana'uu*
sink . *harkee*
six . *ja'a*
sixteen . *kudha-ja'a*
sixty . *ja'aatama*
skirt . *wandaboo gabaabaa*
sky . *samii*
slide . *mucucoo*
slippers . *salala*
small . *xiqqoo*
snake . *bofa*
snow . *cabbii*
soap . *saamunaa*
socks . *kaalsii*
sofa . *soofaa*
south . *kibba*
spinach . *qoosxaa*
sponge . *ispoonjii*
spoon . *fal'aana*
square . *kaaree*

star . *urjii*
stone . *dhagaa*
stool . *barcuma*
stove . *suunsuma*
strawberry . *goraa*
student . *barattuu*
suitcase . *korojoo*
sun . *aduu*
Sunday . *dilbata*
sunglasses . *kalaalaa aduu*
surprise . *dinqisiifannaa*
sweater . *shurraabii*
swimsuit . *uffata daakaa*
swing . *darbaandarboo*

T

table . *minjaala*
tangerine . *mandariin*
tap . *boombaa*
teacher . *barsiistuu*
telephone . *bilbila*
television . *televizyinii*
ten . *kudhan*
thin . *qal'aa*
thirteen . *kudhasadii*
thirty . *soddoma*
three . *sadii*
Thursday . *kamisa*
tie . *karabaataa*
tiger . *qeerransa*
time . *yeroo*
toe . *quba miillaa*
toilet paper . *sooftii*
tomato . *timaatimii*
tongue . *arraba*
tooth . *ilkaan*
toothbrush .
    buruushii ilkaanii
toothpaste .
    saamunaa ilkaanii
top . *gubbaa*
towel . *fooxaa*
train . *baabura*
transport . *geejjiba*
trash can . *qembee balfaa*
tree . *muka*
triangle . *rog-sadee*
trousers . *kofoo*
truck . *konkolaataa fe'umsaa*

trunk . *jirma*
Tuesday . *kibxata*
tummy . *garaa*
turtle . *qocaa*
twelve . *kudha-lama*
twenty . *diigdama*
two . *lama*
T-Shirt . *tishartii*

U

umbrella . *dibaabee*
underpants . *butaantaa*
undershirt . *kanateeraa*

V

vegetables . *muduraa*
vest . *jalaanii*
village . *mandara*

W

waist . *mudhii*
wall . *dhaaba*
wall clock . *sa'aatii dhaabaa*
wallet . *borsaakiisii*
wardrobe . *ansaada*
waterfall . *fincaa'aa*
watermelon . *habaaba*
Wednesday . *roobii*
week . *torbee*
west . *lixa*
wet . *jiidhaa*
white . *adii*
wind . *qilleensa*
window . *foddaa*
wristwatch . *sa'aatii harkaa*

Y

yellow . *keelloo*

Z

zebra . *harreediidoo*
zucchini . *cuuree*

Afaan Oromo Alphabet
Qubee Afaan Oromo

A	B	C	D	E
F	G	H	I	J
K	L	M	N	O
P	Q	R	S	T
U	V	W	X	Y
Z				

CH DH NY PH SH TS

www.ingramcontent.com/pod-product-compliance
Lightning Source LLC
Chambersburg PA
CBHW060810090426
42736CB00003B/216